José Alejandro Peña
Iniciación final

Almava Editores
www.almava.net

José Alejandro Peña (Santo Domingo, República Dominicana, 1964) Emigró a los Estados Unidos en 1995, donde funda y dirige la revista y casa editorial El Salvaje Refinado (elsavajerefinado.net). También funda la Sociedad Internacional de Escritores y Obsidiana Press, entre muchos otros proyectos. Graduado en Estudios Internacionales y Ciencias Políticas en West Virginia State University José Alejandro Peña obtuvo el Premio Nacional de Poesía de 1986 con su libro *El soñado desquite*.

Libros publicados:

Iniciación Final (1984), *El soñado desquite* (1986), *Pasar de sombra* (1989), *Estoy frente a ti, niña terrible* (1994), *Blasfemias de la flauta* (1999), *Mañana, el paraíso* (2001), *El fantasma de Broadway Street y otros poemas* (2002), La vigilia de todas las islas (2003), *Suicidio en el país de las magnolias* (2008).

José Alejandro Peña

INICIACIÓN FINAL

Almava Editores
www.almava.net

Copyright © 2019 José Alejandro Peña
Iniciación final
P o e m a s

Primera edición, 1984
Segunda edición, 2008
Tercera edición, 2019

Todos los derechos están reservados.

ISBN 978-1-945846-11-3

Almava Editores
a l m a v a . n e t
Publicaciones@almava.net

Iniciación final

I

In albis

Todo vuelve a la vida con su larga ansiedad
        y su sed de pantano.
Todo arde tan pardamente en la distancia
que hasta el blancor del labio se transforma en eco
            de una sustancia virgen.

Todo arde por dentro
        asfódelo instantáneo
                de mi mano.

Ah si me doliera menos la palabra "palíndromo"
o la palabra "espanto" que viene de roer
mi virulencia acústica
                perenne y ya maciza
como el nervio de hielo de los cuervos
como el hielo de nervio de las barcas del ojo de Caronte.

¿Qué sería de la desesperación de mí mismo?

¿Qué sería de mi rostro si no fueran
                costra y aire
los ápteros rosáceos
        que curan de la muerte
            con la muerte?

No por inserción de esdrújulos paraguas
                      en la herida
se adivina el dolor de cierto oráculo bisoño

Iniciación final

tal la luna y su ambrosía
      el bogavante y su amenaza
                fosfórica al cuadrado.

      Para ser
      me basta lo que bulle y lo que toco
           en esta piedra donde el viento
                              arde.

      La arena díscola
           contiene lo frío
                en lo caliente:
      eso
      lo viene a comprobar
                el petirrojo
con sus dedos errabundos
      mojados por el sol.

Todo arde en la voz ¿o es la voz
      que arde en todo
           y en sí misma?

¿En qué latido mío arderá más la muerte?

Blancor del labio que retiene trémulo navío
      de quebranto
blancor tan desenvuelto
           el de las dunas ultrasónicas
      y esta nieve callada y umbelífera
           que va tachando todo.

In memoriam a Lemba

I

Porque se vierte sobre una llama fósil
el bosque transparente de tus venas
creciendo por los muros como un hueco profundo
refulgiendo y llenando con cebolla
las caries de tu risa trotamundos
los propietarios de los anticuarios
redoblan las cadenas
                    los grillos
     y los pernos
porque los hombres a los hombres condecoran
con medallas de oro para hacerlos iguales
                            a la tierra revuelta

               y los ríos se apagan
            adentro de un cigarro
      como se apaga un traje
al ceñirlo la aurora.

II

Sublevado con otros que ya libres
se apartan del camino y traicionan
                    a cambio de guijarros
     a sus madres ya muertas
tú sin traicionar las nucas de los yunques bruñidos
te mascas la lengua
y tu sangre tan blanca se pega a las rocas
como lasca lasciva y fusiforme.

III

Porque pesa la plúmula de plata
lo mismo que dos poliploides
                        inmarcesibles
                      escapas
             por los bordes
         del espejo.
Escapas de la cúspide mortuoria
de la capa rasgada por la espuma
y escapan de las ninfas ortopédicas
los pólipos de risa de la piedra
porque las ninfas y los rododendros
caminan por las calles sin pisar
los cráneos salomónicos y orondos
porque se queda rígida la lengua
                  pegada al paladar
                      petrificada
            con rubicundas almohadillas
                        de pánico
             y de flauta.

IV

Vas muy lentamente cayendo
con las hojas sin tímpano del grito
cuando llegan los trenes empapados
de antílopes carnívoros sin ojos.
Porque sofoca gira y se desgrana
la luz avanza siempre en sentido contrario
la luz que ya no es nada ante esta sombra
que se alarga en el camino sola
                y oscilante
                      rota
                      pero erguida.

Piedra sobre piedra

Este fuego engendrado
        por las ciegas palomas
                del ansia de la muerte
es el poema bajo la piedra
                    con tu cráneo.
Es el poema en otra boca
        simulando
            la imagen de otro rostro
                    en otro siglo
donde el minuto choca consigo mismo
                y se detiene
        lleno de soledad
     como una araña roja
que crece en una oreja tuya
                desprendida.

¿En qué ola negra
        se disipa el mar?

El aire como una vieja úlcera en la boca
cierra sus amplios ojos en los tuyos.

¿Te acuerdas de la piedra con tu cráneo
bajo la negra ola que era el cielo?
En tu sangre los árboles tenían un color diferente
        y una forma más pura.
Un "no" dejaste en medio de las sombras
     y el rostro de la muerte

Iniciación final

se quebró en el espejo
      y todos sus pedazos
                  se juntaron en ti
          por la deforme unidad
     del descalabro.

Era la luz un sueño

Era la luz un sueño y se adhería
al blancuzco sonreír
              de los córvidos calcados
                          por Andrómaca
cuya suerte envidiaron muchas veces
                    las muchachas tebanas
            y las gringas fogosas
      de a centavos.
Era
bajo la piedra lanceolada
      con ubre vegetal
              y tu achatado cráneo
              partido por la ola
esta vibración amnésica y total
que ya no es mía.
Era como un percebe ambiguo
con almorta de jabón y rodillera cíclica.
Casi la ojera de un molusco era.
Cada sueño en el polvo desunido
        era una lengua bífida
              salobre
              y cada rencor tuyo
                    un pájaro vacío
dando sordas vueltas a la cerradura
y cada muerte mía era la vida
        entonces encogida
               como un nervio.

Iniciación final

Nacimiento de Lemba

I

Era la muerte la iracunda pena de la diosa Hera
y era tu alegría la víbora vibrátil
entre la yerba seca que amamanta el río.

Una voz de ceniza se cruzó con la tuya
ante la vieja torre de los franciscanos
que ahora es un montón de polvo
                              y roca desgranada.

II

Y tú naciste allí
        entre grillos y gusanos
envuelto en una sábana en la selva.
Sorda mueca clavada en la negrura
                    de lo nunca ido.
        ¿Quien te liberó
            Lemba
            de ti mismo?

III

Pobre niño africano
                que vendieron
                los anfibios
                a cambio de omnívoras
                ojeras musicales.

IV

                        Era mi voz
                           lo sé
              herida por el rayo
      rodando solitaria
      y sin sonido.
Tú naciste
      como yo
      al final del otoño
            con los ojos atentos
                  y el corazón
            agitado.
      Tú naciste
      con las manos
           abiertas
      y te fuiste
           con los puños
                en alto.

Himno fluvial

Yesca del pensamiento la mirada.
Los pájaros tardíamente deshojados
        por la brisa invernal
    guardan sus plumas nuevas
            debajo del colchón.

Esta rabia solar de todo asombro
no es un jardín de ahogo
    que la ausencia
    derrama
        ni una música enferma
        que retoña
    ni una sed vampira contra el labio
    ni es mi mano fluvial melancolía
    ni es la rosa que aúlla a la incolora
        oscuridad siempre uniforme
    ni es el mar que sueña ser espora
    ni es cosa que pueda ser nombrada
        sin que arda en el aire
la informe soledad
    del yo consciente
pues sólo la conciencia
    otorga al hombre
dimensión
    y pureza.

Lemba Calembo a las seis de la tarde

A las seis de la tarde se escucha
el tintineo de lo macabro.
              Un barco
                          una gallina
y debajo de las suelas gastadas
un hormigueo de ratas arrastrando mis pies
por todas partes.

A las seis de la tarde
              a las seis de la tarde
              la muerte va buscando la palabra
              que falta en el poema
pero el mundo se la niega se la niega
y el poema sigue una luz
              inconclusa y extraña.
A las seis de la tarde
        entre las piedras blancas
                y los grillos negros
se tumba por un instante a contemplar el cielo
            Lemba Calembo
                    todo en mármol.

Pigmalión

Esta mañana después del desayuno
pidió a los dioses el don de la alegría
para tallar en bronce la estatua de su amada.
Utiliza marfil para crear las nubes
que derriban los pájaros insomnes
y con las cuales los hombres techan
sus casas en los montes de Libia.
Mas todo acto contra el hastío es vano.
Pigmalión se suicida con sebo de jabalí
como acostumbran los lobos y los tránsfugas.
La muerte que es un búho diluido
le devuelve la angustia innata del marfil
con la que está creando
                palabra por palabra
                    la estatua deseada.
Mas nada despierta en él amor ni celo
excepto dar el toque mágico a su arte.
Con marfil y ceniza bien dispuesto
construye barcos puentes templos cordilleras.
La estatua en su mutismo tenebroso
al ver cómo el dolor carcome un rostro
besa las manos de aquel hombre destruido.
Pigmalión desde el espejo acaricia los álgidos labios
de la estatua cuyos pezones son de espuma
                    y son de carne.
Esta noche imposible y verdadera
la luna da a los hombres un mar nuevo
y la estatua pare a Pafos.

II

Soliloquio con Girondo

Se rompe el ojo tierno como un lago.
Se mastica la soledad y el frío cabeceo de este día.
    Llueve en la muerte
    o así lo imaginamos
               verticales lagunas.
El tic tac de la libélula y su fúnebre
calcado escalofrío están en mí
              tienen mi forma.
Soy dimensional como el rocío
y oscuro de intención como una grieta.
El polvo (chasquido del reloj)
hace del ojo-vendaval una vertiente
                   de su continuidad.
¿Qué pesa más en mí
mi malestar o mi conciencia de llevarlo?
¿A qué otro cómplice que ame mis defectos?
Yo soy como la vasta selva unánime:
            ondulada quimera del nenúfar.
Ah desdecir a tientas por las calles
este poco de mí que oscila en todo.
...y pensar que la muerte
            es en verdad
                 un caso tonto
      que juega a desquiciar
      que anula tanto.

Iniciación final

Aimé Cesaire

Dejó en el aire tibio de su fuga
              un tenue arrobamiento
      de laúd matinal
y se hizo un collar de brasas y de orejas
                    nocturnas
      símbolo del viaje inusitado
      hacia una infancia de luces
          que devora
      el regreso.

Y en las tardes oscuras
              arrancaba palabras
del fondo de su pecho
        rojizo como un súcubo
y las dejaba morir
        sobre la blanca arena
                estremecida.

Dijo casi a mi oído
              sin que la sangre llevara
      al espejismo de la noche:
deja que tus palabras terminen sofocadas
lleva una vida errante
        de náufrago indeciso
y verás que no mienten
              los tránsfugas
                    ni el polvo.

Y yo
todo una válvula cargada
      de señales
    miré la claraboya
  oscurecida.

¡Cuánto envejece un hombre
en un cerrar los ojos!

En la voz-escolopendra de los niños exangües
      el hosco sol ondula
se disgrega la muerte como un laúd
    de tenuidad fingida.

Homenaje a César Vallejo

> *...y para henchir mi vértebra, me toco.*
> **César Vallejo**

¿Qué puede ya la luz sino cambiar
                      sus botines viejos
      por un cabecearse en la brisa?
¿Qué eternidad exterminada
hunde su mano en mi pecho
                arácnido
                      y volcánico?

Adiós Rilke purísimo volcado contra sí
adiós mi trago de Voltaire.
Adiós dice la nube Baudelaire.
Adiós también a ti huesudo niño atroz
me dice el viento.

Y la luna se convierte en llanto
y el llanto en llama impura
y la llama del árbol en ojillo cerrado.

¿Ves qué tanto mi voz baja
                se altera
                y fosforece
en toda su sustancia
           elemental?
                         Ven
        toca este hueco
en lo profundo.

Cemí

Ópalo de cristal en llamarada
        el inicio de todo final
                es una fiesta.
Áspero cemí de lluvia
                o fuego
¿qué perdura en el hombre
        que ignora su vida?

A veces son los ecos de lejanos pasos
o rumores inversos de una cítara
o solamente un ancla
        una tortuga
        semilla de un cemí llamado Aquiles
a veces imagino que soy yo
            contra mí mismo
sirviendo de eslabón al ser
que se empecina en su grandeza
        utópica y genial
si fuera cierto el cielo
        y si cantara.

Una voz

Máscara de sueño el aire orondo
máscara de bruma repartida
     en soles omniscientes

¿qué es una voz
         sino una piedra
               huera?
¿que es una voz
         sino total altura
     y embeleso?
¿qué es
     locura
         esto
que no se alcanza nunca
con palabras y gestos
         de sonámbulo
             sino desgarradura
         y alternancia
     y palimpsesto?

Las mariquitas

Sustituyen al tren de medianoche
rellenando con nicotina el hoyito
           de la sien
    el simulacro
           del pináculo
                y la nieve
también pierden la suela del zapato
y se conforman con mirar.

Las mariquitas y la guasca del oído
son objetos de pasmosa altimetría
se las dibuja con el óxido y la sangre
              del sonido
y hay quienes sacan de otro cuerpo
las axilas rubicundas de un lebrel.

Cuando llueve no se ven los tulipanes
ni se mojan mis zapatos bajo tierra.
Llueve un agua dura y rancia
             del ojo a la mirada.
Pero la del lago del collado
es un agua menos líquida que un pájaro.

        Yo me vuelvo para verme
        después de haberme ido.

Iniciación final

Zigzag

Sueño con rostros y lugares desleídos
con temblores extraños de conchas musicales
y sueño que me sueña un girasol.
Sueño que se destejen cuando cantan las estatuas
y que mis piernas son marmóreas como el cielo.
En el centro de mi voz está mi alma
        o eso que parece un caracol
                      y es un paraguas.
Sueño con mujeres que he visto y amado
                en otro mundo
mujeres cuyos brazos son nenúfares
                    o incienso.
Ellas cobran un calor mental y paranoico
            como de hierro en agua
y una forma que no tuvieron antes en mi mano
        piano vano
        de vana certidumbre
la lagartija tricéfala del grito
              me despierta la luz del unicornio
              y pasa del sonido de la rueda
      a un mono eléctrico saltando
la palabra destruye a la palabra
        con un zigzag de sombra
            y catacumba.

A medida que el tren pasa

La nieve de Dublín dobla la niebla
                              y traza
                       dócilmente
la línea que separa al transeúnte.
En el andén oscuro las pipas monocromas
                         se reintegran al paisaje.
La gente va chocando y tropezando
                    ingenua y semi-muda
                sin comprender el mundo
       que es un caos planificado y controlado
por demonios de aspirina.
Una muchacha hebrea se suicida con la púa de un erizo
      al tañer discretamente su laúd.
La gente se amotina murmurando no sé qué.
Razones hay de sobra para doblar la niebla por el lomo.
Un jabalí salvaje de oro y antimonio
                                   Medea
       se sostiene de mis párpados en llamas
                      y de repente
un alhelí cosido a la cojera del cajón
un torso de argonauta demoníaco para asustar al viento
imbécil que se muerde ambas orejas con la puerta
muchedumbre hasta en la punta de los dedos
el agrio sabor del vino se derrama contra el seto
un goterón vivo me quema los glóbulos
                   y el tren desaparece
            ante la grey espuria
      y vengativa.

Iniciación final

Pero es mejor hablar de lo ordinario

¿A qué la eternidad podrida
                    entre mis venas?
¿A qué seguir pensando
        que de cierto
                se posee
                        alguna cosa
        cuando ni siquiera el alma
        es duradera?
A mi me sobra soledad
        me sobra espanto
a mi me sobra cielo abajo
        y tierra arriba
pero es mejor hablar de lo ordinario
que pretender sacar del corazón
                    marmotas
        leviatanes.

La mas dulce enemiga del pantano

Aunque tuviera piernas y ganas de reír
aunque un motivo la sujetara al barco
de papel de nuestras llagas
la nada solo puede desterrar a Odiseo
y verlo regresar vetusto y quebradizo
con la voz entumecida
                      y los ojos marchitos
                      cual Penélope
            la mas dulce enemiga
      del pantano.

Iniciación final

Errancia

No hay un camino cierto
                para mis turbios
                              pasos
                        vivo muerto
              o distante.

La oscura emanación
        de todo
        ¿no es acaso engendro
                    mío
                    y del tiempo?

¿Qué son los sueños
                para el hombre
      sino un andar
            a tientas
                      por el mundo?

Dos cabezas

Se cuestiona el sin sentido
       porque es obvio que acelera
              el crecimiento de las uñas
     amalgama
a dos centímetros del suelo
       la piel del mastodonte
              y el semblante de Nerón.

     Sin embargo es bien sabido
que se soban las muletas en lo oscuro del rincón
donde se tiene a dos fantasmas escondidos en la piel.

Son fantasmas de ratones esquizoides
              que desprenden las paredes
          desordenan mi cabeza
      y la vuelven a ordenar.

Sin caricias ni embeleso no hay páramo
en la palma del pecho policromo
           agigantado por el ansia de verter
     lo ya vertido
en todo lo que resta de este ahora
       pero el mar
             que es una lágrima de Electra
     se distancia de los peces invisibles
y por eso
     ante un ladrido
          huye la manada de bisontes

Iniciación final

y huye el bravo Áyax
        confundiendo dos cabezas
              la de Pigmalión
                      y la de Eros.

Si no me crees pregúntaselo a Ícaro

La tersa opacidad de lo que toco
              se transforma en oca.
La oca se transforma en roca
y el murciélago se ablanda
con palabras sabihondas
que son iguales a las otras palabras
pero con un poco de bizcocho.

Tanto duele la vida a los que van
              muy despaciosamente
           mansos y risueños
como a esos que se rompen los pies
por dar un paso más al frente.

La roca se transforma en oca
      y la oca que es un eco
                  choca
          sin querer
       con un pingüino
pero nunca pasa nada
en el país donde vivimos
     si no me crees
          pregúntaselo a Ícaro.

Iniciación final

De vez en cuando viene a saludar

Ícaro decide estrenar sus alas de bombacha
para escapar del laberinto del rey Minos
                       con Dédalo
                                  su padre.
Ícaro pendiendo de la luz
redescubre el exorcismo
de su roja cabeza alborotada
y devuelve los latidos para verlos
de nuevo en la pantalla
                    conmovido.
Dédalo construye
                con saliva de golondrina
un canto más perfecto
                      que la duda insensata
                          o estéril.
Ícaro
pobre niño loco
       se remonta a lo más alto
               y allí queda
                        atascado
en una chimenea que sube
por sus brazos hacia el cielo.
Ícaro dichoso
       ahora convertido en brasa de nenúfar
       o en riñón
              de taumaturgo
viene de vez en cuando a saludar.

Tiro al blanco

El fuego se transforma en alabastro
y se fermenta el antebrazo
con las costras del jabón
y yo pequeña bruma indócil
                      perspicaz
para estar un poco más al centro
de mi margen tentador
                anti natura
digo estas palabras necrofílicas
que giran en la médula de Marx
como tartárica mandrágora exquisita
     cuya luz
            sin embargo
es una piel de mujer tan sutilísima
que en los bazares de la medialuna
cuesta lo mismo el mar que un cigarrillo.

Yo hago lo imposible desde antes
                      por servir de blanco
            al veneno
       y no a la flecha.

Iniciación final

Máscara del silencio

Un árbol no es la porción de sangre
que bebemos dormidos.

Es la máscara roja del silencio
que sale a cazar muerte
con el huevo deforme de la risa.

Es la máscara negra con un niño
que quiere ser de humo
················para cortar el aire
························en veinte pájaros.

Es la máscara idílica
········que se perdió en mi cara.

Es la palabra "humilde"
········con su jaguar de fieltro
········y sus vasos de sed
················multiplicados.

Es la calambre del mundo en cada nervio
········empezando
················este lento vacío
························este paréntesis
esta mueca indecisa
retrospectivamente soluble
················v e r t i c a l .

La máscara de Orfeo

Es el sexo colgante de las bailarinas
                      el sexo tibio y húmedo
            de las colegialas
        que vuelven de mi cuarto
            con una flor azul
                      pobre
            y sagrada.
Es la máscara de Orfeo
                roída por el moho
y son los dos o tres colores de mis huesos
y la flauta enredando la madeja en la torre
mientras las aguas estigias dividen las encinas
y ciegamente pulen el candor
        de los armarios
y la huérfana mudanza
                del ciprés.
Es la incandescente voz de Perséfone
y son los talismanes de los lobos
junto a los remolinos enredados a mis dedos
y es la noche entre supuestos adoquines
            y el rencor de alguna estatua
        mal labrada.

Iniciación final

La muerte de Sócrates

Murió Sócrates pequeño
                 con la coraza cubierta
                 de una cáscara lumínica
                 de uva
                         y frenesí.
Era un niño de apenas nueve años
       feo como un guiñol francés
       o como un cíclope de Tracia
       y ya había peleado en la batalla
                         de Potidea.
Hizo intento de suicidarse con cicuta
fingiéndose muerto por dos siglos
hasta que fue desterrado por Caricles.

Dicen que lo hirieron de muerte
en los montes nevados de Delión
y que fue traicionado por sus propios amigos
al encallar su barca en el rocoso mar de Eubea.

Los piratas cretenses se ponen
                         todavía
                en invierno
        una máscara de Sócrates
               para asustar a los niños
                        con papera.

La muerte de Antístenes

Antístenes el cínico
que tuvo muchas novias corintias
                y una cebra
        con patas de abedul
    murió de risa
        ante un espejo.
Por dolor o por envidia
    sintió miedo ante la noche
    y esparció con el báculo de cedro
        un polvo amarillento y venenoso
    del que surgieron cíclopes enormes.
Antístenes —se dijo— estoy muriendo
        lobo entre los lobos
    sin más eternidad
        que mi sombrero.
Antes de yacer sereno taciturno
        sobre una roca
           allá
        en Beocia
        desterrado y pobre
    entre la c y la z
con binóculo y paraguas como un juez
juró por las sandalias de Odiseo
        y dijo:
    un ladrido es un ladrido
    y lo demás
        también.

Iniciación final

A la luz de una vela

A veces
        nos conmueve
        la luz
        de una vela
                que
                poco a poco
                se apaga.

Nos conmueve
        a veces
                la muerte
                de una víbora
                hipodérmica
            con plumas
            y cabeza
        de gallo
        hermafrodita
            dibujando
los deditos regordotes
            de Caligula
                en la playa
                      a contragolpe
                      de lo viejo
                y de lo ido
                    del oído
            que murmura
            lo mismo
                que desgarra.

Y es igual
       a una cicatriz
              la cicatriz
                     de la ceniza
                           acelerada
por las ruedas roídas del relámpago.

A veces
       una vela
       nos conmueve
                más
                que
                la luz
                m a l h u m o r a d a .

A la vela de una luz

La cera
       lacera
              la
              escalera de mano
con un monosílabo exquisito
                       de cuerda tensa
sobre el vacío de una mirada
              mientras la vela
                        vela
                        su propia
                              lava
                                retrospectiva
                      que rima con lavativa
                              y con girasol.
De un modo atroz se ha restregado
la noche rala su ralo rabo
       porque la luz
            y no la vela
                    se desespera
            contra la costra de mi equipaje
              que vuela
                  y vela
           como una aldaba
           como un quinqué
           que dice asombro por decir sombra
           y dice luna con regocijo
                      con altivez.

III

Las palomas

Al caminar descalzo sobre las tibias baldosas de ladrillo
y ver a las palomas prisioneras de sus vuelos
                      decidí liberarlas
        arrancándoles las plumas
            y las alas
        con vehemente dulzura
dionisíaca.

La muerte se las fue llevando
                    sin que yo lo notara
          y sentí las manos frías
          y la lengua pesada
          y me dolían las venas
          y los ojos se me quedaron tiesos
de tanto rodar un pensamiento
al extremo de mi nariz
          tan roja.

Las estatuas de los poetas raros

A Enrique Guzmán, en homenaje de amistad.

Nos hemos pasado todo el día
          en este parque frío
                    a solas
             sin hablar
                y sin movernos.
    Y es que
        a nosotros
            las estatuas
                nos da por caminar.
    Y a veces
nos reímos tanto
            que se nos revuelven
              los cabellos
                  con el viento.

Paréntesis

Un árbol no será más esa porción de sangre
                      que bebemos dormidos
ni la angustia remota de soñar
              que se acaba
trazando un maleficio
                  un ópalo siniestro
              entre las hojas
o una resonancia fugitiva
        la del vértigo.

Dilación

En un ojo de caballo se quemaban mis nervios.
En un latir de estatua iba la noche sola
el mar se había dormido en su nido de algas
       y tú
       poesía
       flauta ebria de mis furias nacientes
       remolino y muralla
       cielo y sombra por la voz manando
              torrente dilatado
fija proclama de abandono
           y rechazo
              ¿dónde
en qué silueta de árbol
              se esfumaron
       la verdad
       el misterio
la alegría
las aves que se juntan
       para morir un poco
            bajo la luz del polvo
                de tus huellas?

El círculo mágico

En un rincón del ojo
            se va pudriendo
                        el mar.
La fiera porcelana
            de la voz
            se rompe
                    y en mi mano
            se acumula el vacío
                    como un seno.

Irrupción y equilibrio

Del mismo modo que la piedra
                            irrumpo.
Del mismo modo que mi sombra
                            avanzo
                        retrocedo
                        y cedo al laberinto
                 su blindaje inmortal
            su enredadera lúbrica
                          carnívora.
Irrumpo con mi trágico volumen genital
irrumpo con mi lenta soberbia perfumada
y con mi voz templada como un lago
y por si queda espacio
la blanca eternidad
        de mi semblante tísico
        perfectamente arcaico
        y perspicaz
                como un cangrejo.
Irrumpo poco a poco y de igual modo
que una escolopendra amamantada por Afrodita
                diosa de hueso calcáreo
                        y tetas de contrapunto
                        y bayoneta.
Irrumpo con la córnea de pistacho
de algún viejo monarca abominable
                        y puro
                        y paso así los días
sin esperar de los dioses miagajas o preseas.

Memoria de Odiseo

Por mucho tiempo anduve contemplando el mar
                        desmadejado
                híbrido
                    deseoso de llegar a un puerto
        sin sortilegio abrupto
ni míseras bondades cristalinas.
Oh Ítaca
        mi amada Ítaca
                lugar donde los hombres nacen
                con los pies en la cabeza
                y el vientre pegado a los testículos.

Nada hay allí que no sea bruma y desatino.

No hay niños ni mujeres ni sombras verdaderas
pero abundan por millares ángeles lascivos
con la cara carcomida y los ojos blanqueados
con semen y salmuera.

Por doquier encontraremos a esos
tristes trismegistos torturados
por sus propias barrigas abultadas.

Por doquier
esos ojos llagados
        con bolitas de sebo en lagar de pupilas
          revisando el vacío y la náusea de los otros
              al vapor

Iniciación final

                    con tal insensatez
                                y tal denuedo
que hasta los párpados de Zeus se contagian.

La oscuridad vence a los hombres
                por exceso de fatiga
                mientras que la luz los fortifica
                y los hace ambiciosos y cobardes.

Y luego que las nubes se forjaron
                        blancas
                        y negras
                                desde siempre
y que se fue gastando el cielo con la vista
                me vino
                un remolino
                        a la cabeza
                                y lo escribí
sobre las tablas de la barca
que se hundía.

Rompimiento

Desde la ventana del alto edificio abandonado
      escribo
              sin apego
                      esta humilde canción
                              ya cenicienta.

Mis palabras se desligan unas de otras
        como yo de mí mismo
                    sin acritud
          ni complacencia
      ni reparo.

Me separo de lo intangible o roto
y de lo mismo repetido con ansias casi cáusticas
      nasales
      del asco de las palabras sin dolor
      sin textura
            sin verdadera raíz.

Y vuelvo a separarme
de lo exquisito lóbrego del vértigo
y de la parálisis de tantas sofisticaciones
            filosóficas baldías
que descoloran las camisas y los cuerpos
con esdrújulos sarcófagos en perspectiva dual
      o ya
      por intuición
morder al exorcista con los dientes postizos de la abuela

Iniciación final

                                        cansada ya de todo
                        hasta de andar con un bastón
de la sala a la cocina
                y del patio
                        al malecón
echando colillas de cigarrillo
en el chaleco de Arquémoro
                        o de Eneas
                        sus novios primigenios.

Me desligo de mi nombre
                        de mi sangre
                                de mi cuerpo
                                        y de mi alma
porque el nombre caduca y la sangre envenena
y el cuerpo y el alma son lo mismo
que un paraguas mal cerrado.

Doy la espalda a la palabra y al silencio
a los rostros que arden
                se pudren y siguen respirando
contra un muro invisible
        que duda
                que niega
                        y se cae
para ser levantado en otra parte.

Da lo mismo la conjunción del nervio
        y su chatarra díscola
        aquí
        en este mundo
        cobijado por la altura
                y el desasosiego
        ser para no ser
        o no ser para ser

                    combinación supersticiosa
           para fumadores
de opio de ultratumba.

Los seres más razonables están locos
y los locos son criminales
           o banqueros.

Para saber las cosas primero hay que inventarlas
y acostumbrarse a mentir en base a la verdad
como los cazadores de serpientes
que muestran sus picaduras en vitrinas
               a prueba de tacto.

Aquí se vive con los días contados
cada minuto es una bala en el pecho.
Por eso aquí todo va muy mal
                           y muy de prisa
por el ansia de llegar antes que nadie
              a nuestra tumba.

Da lo mismo ser lumbre o babosa materna.
Da lo mismo dejarse aplastar por un temor real
o por un llanto inexorable.

Da lo mismo que me asfixien con granos de anís
o con caricias y bellas palabras melladas.

Da lo mismo que quieran hundirme
en las ondas del caos o del hambre
da lo mismo si vivo o si muero sonriente o callado
con soleados intentos de ser como el cielo:
                raíz y mudanza
                parpadeo de dichoso azul
mientras la nieve alarga

                        lentísima y sublime
esta ansiedad del vidrio
que nos corta el aliento.

Rompo con todo y salto al otro lado
donde la angustia pule las máscaras deshechas
por el fuego o por la brisa.

Rompo con las pausas vigiladas por el aséptico derrumbe
de mis voces erguidas que permanecen sueltas a pesar
de mis brazos.

Rompo con las palabras de este cúmulo maldito.

Rompo con el cadáver voluntarioso de mis clarividencias
imperceptibles
                    insumisas
                            y puntiagudas
como una sonrisa demasiado bella
que termina enloqueciendo
                    a veinte bailarinas.

Es la sonrisa del jabalí mecánico
al momento de sacudirse el lomo
con la daga de piedra de algún
benevolente ciudadano del trópico.

Es el cuerpo de Medusa
rodeando con su sombra
la ciudad más desolada
de esta región puramente
                        ficticia.
Por eso me desligo de mi voz
y del aire que le da sustancia.
Me desligo de las rosas de un solo pétalo.

Me desligo de las aguas que se apozan
a la sombra de los montes arrasados.
Me desligo de mi paso
                  firme y largo
                              que me impone el camino
el camino que los otros eligieron para mí
sin tener piernas.

Retrocedo un instante para buscar un poco
mi hermandad con las cosas del prójimo
que dejo entre papeles dilatadas.

Rompo con todo lo que a todos llena y cubre
como la hierba milagrosa que asfixia
a los ángeles que van en automóviles
por ciudades que no existen.

Ángeles de una pegajosidad involuntaria
de una decantación cobarde o negra
se suman a la fiesta
contaminando a las damas sensuales
cuyas tetas son engendro de la incredulidad y del peligro.

En cambio los pájaros carpinteros confunden demasiado
                al árbol seco
                        verdadero anfitrión
                                  de la concordia humana.

Romper con todo es casi no saber
lo que ocurre en la vida de todos
es casi hacerse ya invisible al dolor y la queja
es dar la espalda a todos los puñales
que te asignan un pacto con el polvo.

Mi palabra

No tiene mi palabra designio de arrebol
            sino de trueno enano
no tiene mentidas coronas de alhelí
      ni pujanza
            ni pueril desenlace.
No tiene luz
      ni sombra
            ni modestia
      ni asombro
            ni grandeza
pero algún don milenario
            la sacude en silencio.
Tiene tal vez tanta pobreza
      que en pobreza
            es demasiado rica.

Tiene su lumbre para sí guardada
en sigilosa o bella irreflexión madura.

Mi palabra no esconde circunspección
ni desarrollo ni ternura.

Mi palabra es un bosque
            en un grano de arena
      donde todo lo hilvana
      la tormenta.

IV

El salto inigualable

La lluvia me enseña a ser paciente
la lluvia con su precipicio de mil toneladas de vidrio
               que se dispersan al caer.

Cada gota de lluvia es una lenta queja.
Cada breve insistencia de la ola
      es también tu destino.

Deja que todo se impregne
              de tu respiración
             y de tu tacto.

Deja que todo intento de salvación te anule.

Vive sin prestar atención
          a las cosas que te hieren
                o perturban
          de ese modo
        habrás dado
     un salto inigualable.

Iniciación final

Efectos habituales

La lluvia me enseña a ser distinto
a la humedad del camino
distinto a los contornos áridos del nombre
y de la cosa que puede nombrarse
                o sugerirse.

La lluvia silenciosa y fértil
se impregna de mi transparencia
con toda esa ansiedad despedazada
que la hace ser lluvia y no el intervalo
entre una cosa que dura veinte siglos
y otra que dura lo que dura un fruto
              en ser gusanos.

La lluvia desatenta y cruda
me dicta cosas que pongo en el poema
cosas que tienen su espesor
             su movimiento
       y su fuerza.

El sabor de la pimienta

Si la palabra suma una sombra
        a la luz del sentido
        de otra palabra
y esa otra suma al ritmo de su alianza
sorpresivos contrastes
      que
      a su vez
      ponen el mundo
      a girar al revés
           hasta que un silencio descomunal
      descompone la mesa
      y los relojes.

Si la palabra anterior es superior
      a su misterio
      entonces el misterio
        continua en la palabra siguiente
                pero
          si no es así
      no importa.
A veces el mundo gira como quiere
            a pesar de las palabras
      que son bellas
      porque son palabras
      como la flor del tamarindo
o el sabor de la pimienta.

Las hijas de Macario mi vecino

Una brizna ambarina se clava en el ojo del buey
mientras los hombres pisan la sombra
             de las nubes.
Hay manzanas y hierbas aromáticas
y lascivia en la forma de los ojos
agrandados por el olor a piel
                de los espejos.

Las hijas de Macario mi vecino
saltan en el trampolín
mordiéndose los labios
y mirando con tal curiosidad
            felices
como cuando alguien va a morir.
      Ríen
         y yo río
porque escucho palabras
que vienen de muy lejos.

Complicidad

Si digo que estoy roto
               en la palabra "hecatónquiros "
¿es porque
        soy cómplice
               de un crimen
                      contra mí?
¿O es para indicar
        que el rompimiento
               es anterior a todos los Hecatónquiros
               e incluso
                      a la memoria?

Interrupción del desterrado

Si la palabra es dueña del silencio
y el silencio dueño de la palabra "silencio"
que se parte en la palabra que se aparta
                             de la palabra
para hacer el silencio de otra palabra
               idéntica al silencio
     de esa otra palabra
que es ninguna

¿qué hace que una palabra coincida
           con las otras palabras
                   que el silencio procura
                       y destierra?

Nacimiento de un espantapájaros

La ceniza destierra a la tierra inundada.
La tierra destierra a la piedra pulida.
La piedra se entierra desnuda
                            en la hiedra
                                mientras el sol
                      envuelto en mi franela nueva
               se desmaya sobre una
       enramada de vidrio
y espanto.

Iniciación final

Perro y gato

Poseen el secreto poder de la locura.
Duermen sobre el barro cocido
····de las termas olímpicas
con una escolopendra heterocerca
············entre las medias
como esperando cierta pugna sexual
······de calamina.

La calamina y el olor a sésamo del agua fertilizan
el vientre seco de ciertas deidades nocturnas
que se mofan de los malos poetas.

Los malos poetas a su vez son malos bromistas
y suelen ser mezquinos con sus novias tontísimas.

Pintan de rojo la cara de sus hijos enfermos
······de histrionismo
············y los queman vivos
··················en un altar de caña.
A los perros una vez se les corta la cabeza
siguen ladrando a la fanfarria babilónica
············del puerto
··········y a los gatos salvajes
······de Inglaterra.

Diluvio

Los niños de hierro de Sichuan
                en tiempos de diluvio
se ocultan con sus madres
            en los huevos de tierra
                      del volcán.

Los huevos flotan confundidos
                con los cráneos de las vacas
                después de diez mil años.

Las muchachas cuyos brazos son de seda
                            inventan para mí
                    un diluvio nuevo cada día
              con sus piernas
        tan blancas
como bosque de alubias

sus cabellos y sus senos
              son de fuego
        de un fuego
    inmarcesible
        superior
    a la noche.

Iniciación final

La rabia de los locos

La ceniza cubierta de heridas mortales
                    jamás cicatriza.

La ceniza de cáscara de ubre venenosa
permite que las moscas regeneren
        los cuerpos de las vírgenes
                    encinta.

La ceniza es la madre de los hombres
            demasiado puros
        hombres de un solo ojo
que arrojan de los arrecifes
            a los perros de piedra
                    sin patas.

La ceniza es un dios para el fuego.

La ceniza provoca
        en verano
                la rubicunda rabia
                        de los locos.

Una calumnia

A mi vecina se le perdió su gato nacarado.
Lo buscaron en la casa de mi amigo Paracelso
y abajo del fogón percibieron su forma.
Notaron no sé cómo un agujero rojo
    en mi franela
y se metieron a explorar
   sacando mis órganos sensibles
y colocando pedazos de ladrillo
       en su lugar
   hasta que dieron con el gato
     que poco a poco
       se fue
   desvaneciendo.

Los perros duermen con los ojos abiertos

No tienen las palabras del poema
        la misma intensidad
                cuando es de noche
                        como cuando es de día.
Las palabras nunca muestran
            su verdadera intensidad
       y se reservan siempre
una segunda intención.

Esto es así por culpa de las amapolas
y por culpa de los perros de raza inferior
que duermen debajo de los almendros
en los parques deshabitados.

Los perros duermen con los ojos abiertos
        por culpa de la lluvia
            que les roba el cuerpo
       y les pinta de verde
      toda el alma.

V

Soliloquio con Chopin

Escucho una breve melodía de Chopin
y lo imagino sentado a la vera del camino
con una rodilla lastimada.

Es un nocturno a las piernas de una dama
o un capricho grave y fofo a la sonrisa
                    de su mayordomo.
Una sonata a una sotana
o quién sabe qué lujuria
                    entre papeles.
La brisa de pronto le vuela el sombrero
para que podamos apreciar
su rubio peluquín de plástico.

Para dar mayor simplicidad a las palabras
uno aprende y se acostumbra a lo banal
                    a lo muy hondo.

Dibujo marginal

En el poema que acabo de escribir
                    marginalmente
la palabra está al margen del sentido
y el sentido está al margen del sentido
y la voz está al margen de la voz
                    y del eco.

La imagen está dentro de la imagen
y al margen de la imagen está el mundo
con sus torres de cuarzo fermentado
       con plumas de optimismo
                        y flechas
          que hacen el dibujo
      del día y de la noche.

Diverso

Dentro de la imagen que pierde su contorno
                         el mundo es una cáscara
             una piel
       un poco de aire
en el que gira
       un puñado
       de polvo.

Muchos mundos cohabitan en el signo
en la ausencia del signo
en la gravitación del signo contrapuesto
en la separación de la luz y la sombra
en la dinámica del juego de los símbolos
que integran un fragmento de la primavera
en el sueño que sueñas en mi sueño
       con tijeras
            y alambres
                   y madejas.

Boceto para piano

La palabra al margen del sentido
La palabra al margen del sonido
La palabra y su punto de unión
      con lo fallido
           con lo ausente de sí
                con lo arruinado.

La palabra que busca en la palabra
su punto de equilibrio y su contraste
la palabra que en el silencio
de las otras palabras
        se rebosa
de ese otro silencio de sí misma
      que no está
      que no lo mide el tiempo
            ni lo agota.

Resistir

Contra la movilidad y la inmovilidad
contra el espacio recubierto de truhanes
                         y de trampas
       contra la luz encubridora
                          y mentecata
murciélago del labio atormentado
       batiendo mentalmente
       sus alas laceradas
contra el filo de la tempestad
       inaccesible
rompo con el diafragma de todas las vertientes
que limitan mi vuelo
       mi ámbito inconcluso
       mi universo formado de nuevas densidades
                               cristalinas
rompo con la voracidad de algún reflejo
con las burbujas imantadas del cernícalo
y me detengo en medio de la selva ante una hiena
            y resisto torpemente
            el salitre
       o el fuego.

Iniciación final

Ferocidad

Las miradas son ángeles
o túneles con nieve.

El sol desfonda las pupilas
con sus pinzas de humo.

Infancia
ferocidad que aliña los metales
los líquenes del beso
            o esta lámpara
que divide el lugar
      y la memoria
           tan desajustada
      o tan impar
      que tengo de cada lugar
      en la distancia.
Una rosa recomida en la muerte
           coágulo del labio
      coágulo de luz
para mis limbos
      hechizados.

Palidez

El mar es un guijarro que el sol mancha.
El mar es una llave envuelta en un pañuelo.

Una paloma se desgaja al volar
        se extingue
                como un beso
                        en su color funesto.

Cuando el olvido posa su pie negro
sobre el cráneo ladeado de un amigo
¿a quién la noche busca para alargar su pena
        para empalmar los rotos huracanes
                de su labio ya blanco?

¿A quién la mansedumbre anula
con su lumbre inquietante?

¿A quién dar esta luz que me deshace a gritos?

¿A quién el nombre
        la fecha
             y el lugar
        del muro frío
    y a quien los iracundos lingotes
de mi palidez
    forrada por las muecas
    que se incuban?

Sublime como un árbol

Los círculos del agua
agrandaron la noche.

¡Qué sereno el estanque
de un corazón vacío!

Por lo ilusorio y trágico y absurdo
del reloj de arena
        nace una voz
             centauro
      entre las llamas.

Las hojas del camino o la nostalgia
        amordazan la forma
            de los huesos
      del caballo.

En la boca sedienta
es un laúd el polvo.

Espejo el agua para el labio
que le da transparencia.
Espejo el hombre ante su
realidad desportillada.

También en mi final hay un comienzo
de algo así sublime como un árbol.

En toda iniciación en todo paso
hay un escalofrío de raíces.

Alfred Hitchcock retorna del infierno

Si hay
        para el ojo que lo capta
                un deterioro cíclope del alma
éste yace como un cansancio de las vértebras
        como una sed que se derrama
                o que se agrieta.

El dios hostil de las señales vagas
retorna al hueco que se ahonda
o que se eleva en la mirada acuosa
                            desterrada.

La luz duele en sus ángulos informes
o yace en el olvido de esta errancia del labio
              ya consciente de su hechizo.

        La desesperación
           disuelve
                las cadenas.

Desde la nieve que golpea
con sus alas sombrías (así florece el polvo)
      en la buhardilla
interceptando a las hojas del sauce de los sueños
el monstruo llora en el espejo
              luciérnaga distante:
        es un trozo de árbol
           o de lengua dulcísima.

La sed bebe los labios polvorientos de la muerte
(la cicatriz de un muro del infierno
 se prolonga
  en los rostros
   que miro).

Oigo pasos en la memoria
 pasos que me repiten
  la agonía
  del ancla.

La luz si sangra o muere

La luz si sangra o muere
no termina en lo exangüe de sí misma
                        como el hombre.

Ah el hombre
        esa bestia domada...

Cada pisada engendra un destino de pájaro
                        o de selva.

Los ladridos del árbol se han secado
              y se reduce a lágrima la sed.

No sé si es huella o tumba
        este delirio de avanzar.

Las ciudades como un olvido de luces arrancadas
sueldan sus alas al rocío

                        el rocío
            una pus sin color
            informe
y claramente esparcida
                como un dios por su sombra
      injuriado.

Circunloquio vertical

El pensamiento en su fugaz astronomía
materia iluminada por un golpe de brisa.

Todo se purifica y transparenta con el polvo
hasta las voces encubiertas
        de los caminantes desatentos.

La palabra en su pureza elemental
           sacada de su círculo
    es una suerte de combinación
           entre la línea y el pulso.

La palabra es un lugar

La palabra tiene como la oscuridad
．．．．．．．．．．．．．．．dos túneles inversos
que dan distintamente a todas partes.

La palabra es un poco de luz falsa
manando de los poros abiertos
．．．．．．．．．．．．de la estatua.

La luz es casi un torvo niño enfermo.
La luz es un murmullo que pisarán
．．．．．．．resueltamente
．．．．．．．．．．．．．．los que vienen detrás.
La palabra se inventa a sí misma
ante la fugitiva sensación del transeúnte.
Se instala en los lugares pardos
．．．．．．．．．．．．．．．．．．．．．．y húmedos
．．．．．．．．．．．．．．．．．．．．del huero palpitar.

Sin otra realidad que la del páramo

Yo no pido una lámpara de nervios
sino un rincón oscuro en mi memoria
para estarme allí solo con mi sangre
diverso como las muecas de las máscaras
    del prójimo.

    Solo
    sin que la luz
        o lo que así llamáis
perturbe el movimiento de ese oleaje
    sin pausa
        sin densidad de flauta súbita
            o blasfemia
    sin pretensión de nada
    sin una queja muda
        o alterada
    sin otra realidad que la del páramo
que está fuera del tiempo
        aquí
        entre los hombres.

Iniciación final

Diluvio en la paloma

Muera mi casi voluptuoso mediodía
que arrastra su blancura mal herida.

Emanación de polvo
              la paloma boreal
      de mi embeleso.

Oh diluido cerrojo de la dicha
claraboya de nervios desatados
en mi memoria la paloma es un
        diluvio en la voz
                desgarramiento.

Rancio de soledad el hombre
              brasa y pulso
      de este nombrar atroz
      de este acerado caos de los sentidos
      que pone de cabeza
      a quien se abisma en su propia candidez
buscando un rumbo marginal
un rumbo exacto.

El deseo es la muerte y es la vida.

Una paloma llueve si es octubre.

VI

Epitafio

En las grietas del aire mis ojos se cerraron.

Una hoja cae desnuda como un cofre
desnuda como el miedo a la oscuridad
de nuestra infancia.

En las manchas rojizas del mantel
arde la sombra del que pierde
por exceso de callar la dentadura.

Una hoja cae desnuda como un traje
cubierto de hojas negras y de lava.

En la muerte vivimos de una doble conciencia:
la que niega recordarse tránsfuga de lo solo
y la que aún no tiene una ventana.

Es la impaciencia lo que deteriora
los modos de avanzar.

Cuidado con el ojo: arde menos
      que el labio.

Pesadilla con una escolopendra

Como una sombra mía
           decapitada
por la luz de los trenes
va naciendo
       invocación del polvo
la lluvia entre los goznes
      de un párpado
      así
      desmoronado.
Es una escolopendra
y un poco de rocío
coloreando en la noche
mi garganta ya mustia
          y sin palabras.
Es una pesadilla recurrente
dejándome a la orilla
          de un deshielo
     irregular
     indómito.

Suma del eco

Por la quebrada muralla del murmullo
      y la suma del eco
           de la flor blanca
por la luz en zozobra
      de los pasos desiertos
y el último resuello
      de la causa olvidada
por el retraimiento de la sensación
y la rareza de la complacencia cotidiana
se ha desligado el hielo
de su fiero ademán púrpura.

El que sólo se posee a sí mismo
al desierto sin cactus llama "reino"
      y es la luna su amparo
     y el cielo su pisada.

Los hombres del plioceno

La muerte muerde las pupilas de los niños
     en las playas oscuras
     y en los sótanos espeluznantes
donde los pasos frios de la salamandra
iluminan sus rostros ya sin brillo.

La muerte suma trenes a la inercia
de los hombres del plioceno
que luchan cuerpo a cuerpo
con sus miedos y manías
     haciendo estremecer
             simiescamente
       a Fidón
     y a Calígula.

Premonición de la libélula

A ti te asustan las patas semi crudas
del rinoceronte o la jirafa
y te asusta el perenne latido
                      de la piedra.

A ti te asustan los retratos
de Jean-François Millet
a mí tan sólo las libélulas
                      y el frío.

A ti te angustian los relojes.
A mí me asustan las ventanas.

A ti te agradan los panecillos de uva
y el olor de la lluvia en los bosques romanos.

A mí se me acelera el corazón
ante las camas de metal
que chillan tanto.

Iniciación final

Percepción

Rabiosa eternidad de febril sombra
                         la salamandra
               entra
               y sale
               clandestinamente
      de los tibios huesos
      de un rinoceronte.

Es el envés de una palmada
           un ósculo sin fibras
      o cierta libertad en la pecera
      ya vacía.

El ósculo fosfórico
      trasforma las piedras
           en erizo.

La luz pasa a través de mi cuerpo
en la vesicular complicidad
           del patio
mientras el cielo
           en el riachuelo
           parpadea.

Chasquido del reloj

La luna sacó de mi bolsillo
      un ojo negro
           que flotaba.

Las aguas estaban quietas
y los hombre se acercaban
a los puertos para contemplar
la nieve ennegrecida.

Allí se ahogó Narciso
entre begonias orinadas
por ninfas infantiles
que me amaron.

Todos los relojes desprendieron
              sus agujas
y el chasquido en las pupilas
      fue preciso:
lo que va de un lado
         a otro
pierde pronto
      su equilibrio.

Una chispa

> Lo que importa es ser múltiple y ser solo.
> *Domingo Moreno Jimenes*

1

Una chispa tan sólo para peinar
                 las breñas descuidadas.
Mi casi golpeado metaloide
sube por las ramas
                 cansadas del agobio
y un agua oscura que se espesa
y la sed que chorrea sus cristales
y el polvo y la nieve entrelazando
                             huellas...
Ah y hasta el cuervo se arremolina
en su tuerca de plata
como esas pinzas hidráulicas
                   que prensan
el torso esfuminado de la muerte.

2

Acalorado como un asfódelo instantáneo
que casi ya se amolda a los andenes
este yo tan espantosamente renegrido
                   y desolado
no tiene amputación
ni tiene oscuras marcas
de viejos utensilios
             de hospital.
Este yo tan idéntico a la aurora
es una chispa que amenaza un bosque.

Rebeldía

Una límpida lágrima pletórica
raja el pómulo de la muerte
rebeldía mimética y ególatra
salvada por la égida omnisciente
que acaba reprimiendo no sé qué
pero conviene más la ausencia
                              que la nieve
estas pisadas mansas
                dejadas para días
                          por venir
son lo que son aunque no sean
insinuaciones bolcheviques
yo y mi unánime aureola sordomuda
en el hueco bastardo de lo inulto
ampliando más el hueco donde habita
esta yesca de mí que son los otros.
    Ah los otros
           tinturas no más
      que caen al lado.

Vendajes del subsuelo

Las negras pinzas del agua transparentan
la tarde que se abisma desde el blanco toser
de las paredes.
El cuarto despintado como un tañer lejano
se agrupa en algún ángulo siniestro.
Acaso ya los genios (mis amigos de antes)
como ese blanco sucio del vendaje
                        en mi cabeza
cediendo a la quietud
          esa avalancha del acorazamiento
    y de la inquina
doblando tiernamente los hilos de tortura
sueñan que un batir del polvo quema
         los ejes del asombro
                  y este vuelo.
Al dorso de sus hojas está el arce
al dorso del acero reflejado en su náutica
palidez de abandono
              mi navío
como una pelambre con oxiuros
sobre los pardos lagos que me inyecto
               libidinosamente lívido
              genial a borbotones
       este ciego caer
                  desde la lluvia.

La noche

Al fondo del espejo las luces se suicidan.

Alguien allí en lo oscuro de mi vieja memoria
está sangrando siempre gastadas melodías.

La noche al polvo de sus soles
                        retorna
con un presentimiento de extravío
con un chaleco albino
                  irracional
   como un pleonasmo
con una sed vacía
     de pozo milenario
     y de abandono.

Pentagrama

Una música acaba de sepultar
                en su abismo de algas
    un latido caníbal
                porcelana del viento.

Una música densa de corsario loco

            Domenico Scarlatti
            Paganini
            Beethoven

conspiran contra mí
    me exilian del retrato donde estoy
    cercenan mis horas licantrópicas
    carcomen mis orejas
            mis zapatos
                    mis discos de John Lennon
                        recorren los rincones
                    con cánticos calcáreos
            de cerumen.

Esquema para una pesadilla

Las paredes de mi cuarto se pegan
a la ropa sucia de los hombres con brazos
                        de oriflama.
Los gatos de los almanaques
                        caminan por la casa.
Un mal presagio persigue a los poetas
y yo decido irme a dormir a los parques
        a los trenes
                a los callejones sin salida
porque es mejor morir al aire libre
que comerse las uñas en una güisquería.
Yo prefiero a mi gato y a mi perro
a mi novia absurdísima
                      con piojos
que viajar por todo el mundo
                      en aeroplano.
Yo prefiero enloquecer cantando
pudrirme de alegría en una cueva
que encontrar en mi bolsillo un
                        arcoíris.
Yo prefiero no tener amigos
                ni perro
                ni ropas que ponerme
                        los domingos
            y usar
    porque es debido
mis manos como almohada.

Iniciación final

El unicornio de cuerda

El sucesivo unicornio de la muerte llega
rozando los metales que anteceden
a esa torpe música enroscada al polvo
de los ojos y a la nieve.

La sangre es esa cosa que rebosa
vertiginosamente los armarios
y va suelta en los trajes de una viuda nostalgia
por las calles angostas de mi barrio.

El unicornio de coral tan sucesivamente solo
inventa nuevos modos de conciencia
con una simplicidad de bruma férrea
que ondula en mí como un obsceno
girasol de fiebre:

la luz lo inventa todo y hasta sueña
con ese asombro absurdo
que la hace durar y retorcerse
sobre las vagas sombras de un cisne
babilónico y burlesco.

VII

Los filósofos de Fráncfort pasean por el Rin

1

Cuando llega la tarde con su tos
                y su calambre
rellenando la córnea del zapato
de un líquido sulfúrico
        de piel de tamarindo
se juntan a medir hiedra con piedra
escarcha con epidermis de ratón
                y paranoia.

De sus pensamientos concéntricos
        extraen
              paraguas entreabiertos
y sombreros de lata de sardina
y peces de colores
              abollados por la lluvia.

2

Brillan
como cartílagos o cera
                para el cutis
los ojos trasnochados
                de la momia flébil.
Nadie sabe nada de la música indirecta
que cambia los granos del maíz por dientes
                de caballo.

Beben vino bajo un nogal de vidrio
mastican almendras y estudian con fervor
el trayecto de los patos sobre el agua.

En tanto los poetas ríen
              solitariamente
entre la muchedumbre
por causa propia
       y a todo pulmón
              como debe ser.

3

Atan una cuerda magnética
              a la pupila de la iguana
y otra cuerda todavía más gruesa
al rojo cuello del cisne
              para cabalgarlo.

Atan una piedra al badajo de la boca
con un hilo de algodón improbable
para emitir exóticos sonidos embrujados

parecidos a un bollo de carne de pontífice
relleno con hierbas y saya de oca.

Suben por una escalera de perfume.

Suben desde la boquilla del pozo
a lo más hondo.

Iniciación final

4

Saltan desde los puentes dinamitados
con la mirada ortodoxa del acróbata.

Enfermos de las glándulas sexuales
dibujan bajo la arena antenitas de caracol.

Se rasuran las mejillas con ungüentos mentolados
y salpican de leche contaminada
a las muchachas bicéfalas de El Cairo.

5

Entre las gruesas urnas termales
posesa del terror humano
               está Medusa
pálida y bella como un diente
                             de plata.

Medusa yace detrás del bote de paja
de los pescadores enfermos de malaria
cerca de la isla de los manatíes
petrificada por el sol.

Arrancaron sus dientes con pinzas de plata.

Envolvieron cada diente en un pañuelo blanco
y metieron el pañuelo en una jarra
con relieves de plata.

Su cuerpo estaba frío y temblaba
por eso la llevaron en hombros
al escondrijo marcado por Heródoto.

6

Dedicaron un pasaje ya olvidado
al cadáver de Agamenón
a quien luego vengaron
con trucos de pájaro carpintero.

Juraron jamás
regresar a Fráncfort
                no por Hitler
que duerme cabeza abajo
adentro de un tinaco
                con serpientes.

7

Hablaron contra las piedras de los muros en Creta.
Hablaron contra las botas que prensan sus cabezas.
Hablaron de la tarde que se apaga en un grito.
Hablaron del sol que se extravía
entre las tablas del barco.
Hablaron hasta el amanecer
de las pupilas de los gatos angora
que mueren cuando sueñan
con muchachas cuadrúmanas.
Hablaron en la semi penumbra
de las calles de Fráncfort
debajo de las carpas de un almacén judío.
Hablaron de la luz porque no hay nada
más perfecto que la luz
      cuando acaba.

Max Horkheimer conversa con su gato

Mientras la noche enfunda y desenfunda
pequeños girasoles de papel
Max Horkheimer conversa con su gato
sobre asuntos imposibles de la lógica.

Se sirve un vasito de whisky
para contrarrestar la oxidación
             de la saliva.

Ya no puede hablar a las muchachas con dulzura
porque la lengua se le enreda cuando piensa
en la nieve acumulada entre las patas de araña
                    del columpio.

A las once de la noche derriban las persianas
sacuden las pelusas del sofá
                    comienza a reproducirse
           por doquier un malestar
                    como de ajenjo.
Para desentenderse un poco
y calmar a la vez los nervios de su gato
escucha alguna vieja ópera de Wagner en la radio.

Los ruidos de la calle y la barbarie
son parte de este viejo procedimiento involuntario
           que es símbolo de ardor
     y pesadilla.

El desconfiado Herbert Marcuse

Desconfía de las orejas puntiagudas
                   de tu madre
            dada por muerta en la calle
que va del puente rojo
            al mercado de las pulgas
                   en Berlín
de las gallinas que trafican con bolsas de trigo
y gusanillos envueltos en un trozo de tela de pintor
cada quien propone a modo hitleriano
            asuntos muy serios
      de aritmética —dijo al caer por la escalera
sin mancharse el abrigo con tinta de aserrín
     y sin turbarse.

               Todavía se desvela
fumando su tabaco en el balcón
mostrando sus calcetines nuevos
y riendo con su risita de pequeñoburgués
      ante el redivivo caballo
      de Atila.

Theodor W. Adorno juega al póker con Tchaikovsky

En Frankfort las manzanas
no son rojas ni azules ni redondas
no son altos los cogotes de la bruma
ni saben los espejos a cartón
como los santos del litoral
pero aun así la gente sigue respirando
        como puede
                excepto
                      los judíos.
Theodor W. Adorno
        que es judío
                juega al póker
                      con Tchaikovsky
dice las palabras mágicas
y se queda pensando en las manos
                del mandril
        que es un robot
    en miniatura.
El robot
armado con espátulas de crisoprasa
                y sebo de crisálida
dibuja la barbilla de Napoleón en un cuaderno rústico
y se mira las manos un instante y dice "estoy temblando
                            quizá
        porque es muy triste
    Tchaikovsky
        todo el tiempo".

Friedrich Pollock sentado como un buda

En Friburgo de Brisgovia donde aprendió
a mirar de frente a los cocheros
y a servirse en copa de madera
                             el vino añejo
Friedrich Pollock perdió de pronto la memoria
         y ahora está sentado como un buda
                 en un bidé bicóncavo
mirándose las uñas de los pies
         o sosteniendo
                 un candelabro
         sobre el cual las mariposas van dejando
sus mensajes telepáticos
         sus élitros
         sus llaves para abrir los manicomios
         del modo en que se abre
                 una lata de frijoles
         o el periódico los martes
                       a las nueve.

Iniciación final

Logomaquia

Las chicharras
       y las frases a medio decir
son asuntos relativos
       coincidencias de las manchas
           que aparecen en la piel
después de haber estado expuesto al sol
                  por veinte meses
                  o quizás
hay que temer a los mandriles
              aunque sean arciprestes
              o por eso
porque el papel higiénico y la sal
son sustitutos del carbón
       y de la nieve.

Motivos para arder

Beber vino
     y fornicar detrás de un árbol
          y pensar que el árbol es culpable
anula rabia y cielo.

Lo demás si yo lo nombro
            es pura perversión
     y golpe bajo.

Ocuparse en agrandar la voz en vano
     y quitarse el uniforme
         y sacudirse la humildad
    con arrogancia
            a cualquier precio
       dan motivos a la ortiga
y al gusano
     para arder.

Linaje

El rigor de la mostaza
              pirotecnia metafísica
              y pacto de la sed
con las rarezas de una moda
       tal nuestra afición
              por irnos a vivir a otra ciudad
                     o visitar al cirujano
para que conozca las dolencias
                     y carencias
              de un linaje
                     el de los lobos
                            en los viejos roperos
                                   aguardando.

Certeza

Es cierto
los espejos y la noche se confunden
y los huesos se nos llenan de algazul
sentimos que se enfría el corazón
cuando las moscas entretejen verrugas
      en la frente del amigo petimetre
que coloca sus narices contra el pedernal
      y se amorata.
Es cierto
que la mente nos engaña
y que somos supersticiosos
      vanidosos
    y oscurísimos
se nos va poniendo negra la lengua
          con los años.
Es cierto
    no lo niego
    no lo vayas a negar ante esta piedra fofa
    macilenta y torturada
        todo acto poético
      es solemne
        hasta la mierda.
Es cierto
    los armiños
      y las hienas
        son de papa.

Iniciación final

Hitler

Amanece
        y todo está revuelto en mi cabeza.
Los lápices veloces
        las voces en la tele
                el pararrayo
la sonrojada metafísica kantiana
el amuleto armado con resina
        y simple
                tónica barbárica
y la piedra del ojo siempre abierto
        la total sinrazón
                la cobardía.
Hitler
        el soldado
                el olor a cerveza
                      de su traje.
        Hitler
        los tristes utensilios para medir
                      la extensión
                y la intención
        de un hidroplano.
Hitler
las moscas inyectadas en el tórax del ciclista
        sus bigotes de color de parapeto
                su crema de afeitar
        su mantecado
y Hitler
        su cabeza verdusca

llevada en una funda de papel empíreo
                    su paranoia
                su fuga
y su evidente
        necesaria
                coincidencia
    con la leche cortada
y los armiños de su barba melosa de tres meses
    inundando su baba
    blindándola con ajo
    como
    a
    un
    cerdo.

Desdémona

Soñó que había un jardín
                    de bellas ratas
y que giraban geranios y gladiolos
en una maceta erógena de oro
mientras flotaba
                  sobre olas y acertijos
envuelta en una espuma tumescente
                  que nacía de sus labios
      escarlatas.
Soñó que había un jardín en cada espejo
                      y que sus piernas eran
como pinzas de cangrejo
        y su lascivia recorría las casas
con el olor viscoso de mi semen.
Soñó que yo era Otelo
                    celoso de las formas
        estarcidas del ébano y del ábaco
                        y por eso
                con los ojos vendados
huyó del laberinto de mi turbia mano
              hasta quedar exangüe
        mi velero
              o mi semblante.

Materia fugitiva

La voz que rompe el aire
                y lo rehace
la luz que rompe el tiempo en cada ida
la luz que sólo sabe retornar
      a su espacio vacío
           a su ración letal
                a su contorno ajado
la voz que nadie oye
      la luz que nadie afirma
      soy.

Índice

I

In albis | 9
In memoriam a Lemba | 11
Piedra sobre piedra | 13
Era la luz un sueño | 15
Nacimiento de Lemba | 16
Himno fluvial | 18
Lemba Calembo a las seis de la tarde | 19
Pigmalión | 20

II

Soliloquio con Girondo | 23
Aimé Cesaire | 24
Homenaje a César Vallejo | 26
Cemí | 27
Una voz | 28
Las mariquitas | 29
Zigzag | 30
A medida que el tren pasa | 31

Pero es mejor hablar de lo ordinario | 32
La más dulce enemiga del pantano | 33
Errancia | 34
Dos cabezas | 35
Si no me crees pregúntaselo a Ícaro | 37
De vez en cuando viene a saludar | 38
Tiro al blanco | 39
Máscara del silencio | 40
La máscara de Orfeo | 41
La muerte de Sócrates | 42
La muerte de Antístenes | 43
A la luz de una vela | 44
A la vela de una luz | 46

III

Las palomas | 49
Las estatuas de los poetas raros | 50
Paréntesis | 51
Dilación | 52
El círculo mágico | 53
Irrupción y equilibrio | 54
Memoria de Odiseo | 55
Rompimiento | 57
Mi palabra | 62

IV

El salto inigualable | 65
Efectos habituales | 66
El sabor de la pimienta | 67
Las hijas de Macario mi vecino | 68
Complicidad | 69
Interrupción del desterrado | 70
Nacimiento de un espantapájaros | 71
Perro y gato | 72
Diluvio | 73
La rabia de los locos | 74
La muerte de Paracelso (una calumnia) | 75
Los perros duermen con los ojos abiertos | 76

V

Soliloquio con Chopin | 79
Dibujo marginal | 80
Diverso | 81
Boceto para piano | 82
Resistir | 83
Ferocidad | 84
Palidez | 85
Sublime como un árbol | 86
Alfred Hitchcock retorna del infierno | 88
La luz si sangra o muere | 90
Circunloquio vertical | 91
La palabra es un lugar | 92
Sin otra realidad que la del páramo | 93

Diluvio en la paloma | 94

VI

Epitafio | 97
Pesadilla con una escolopendra | 98
Suma del eco | 99
Los hombres del plioceno | 100
Premonición de la libélula | 101
Percepción | 102
Chasquido del reloj | 103
Una chispa | 104
Rebeldía | 105
Vendajes del subsuelo | 106
La noche | 107
Pentagrama | 108
Esquema para una pesadilla | 109
El unicornio de cuerda | 110

VII

Los filósofos de Fráncfort pasean por el Rin | 113
Max Horkheimer conversa con su gato | 120
El desconfiado Herbert Marcuse | 121
Theodor W. Adorno juega al póker con Tchaikovsky | 122
Friedrich Pollock sentado como un buda | 123
Logomaquia | 124
Motivos para arder | 125

Linaje | 126
Certeza | 127
Hittler | 128
Desdémona | 130
Materia fugitiva | 131

Colofón

Esta tercera edición, corregida y aumentada,
de **Iniciación final,** de José Alejandro Peña, se terminó
de imprimir en noviembre de 2019
en los Estados Unidos de América por
Almava Editores
www.almava.net
publicaciones@almava.net

www.ingramcontent.com/pod-product-compliance
Lightning Source LLC
Chambersburg PA
CBHW020140130526
44591CB00030B/164